Made in the USA
Monee, IL
22 November 2020

49087950R00069